Melani B

# WORT *inspirationen*

## für neue Blickwinkel

Tagesimpulse, um ins Tun zu kommen

SILBERSCHNUR VERLAG

MIX
Papier aus verantwortungsvollen Quellen
FSC® C014138



ISBN: 978-3-89845-667-8

1. Auflage 2022

Gestaltung & Satz: ayla-grafik, dtp & webdesign, Krunkel
Umschlaggestaltung: XPresentation, Güllesheim; unter Verwendung eines Motivs von © Evergreen Maria, shutterstock.com
Druck: Finidr, s.r.o. Cesky Tesin

Verlag »Die Silberschnur« GmbH · Steinstr. 1 · 56593 Güllesheim
www.silberschnur.de · E-Mail: info@silberschnur.de

## Danke

Für deine Offenheit und Neugierde.
Möge die Liebe dich führen!
Es ist die schönste Art, sich selbst zu (er-)leben.
Jeder Moment, in dem du glücklich bist,
ist ein Geschenk.

> Man muss glücklich sein,
> um glücklich zu machen.
> Und man muss glücklich machen,
> um glücklich zu bleiben.

*Maurice Maeterlinck*

# Liebe Leserin,
# lieber Leser,

du hast auf jeder Seite unter den Wortinspirationen
Platz, um deine eigenen Empfindungen
und Impulse einzutragen, die du
immer wieder neu ergänzen darfst.

Du bist frei, das Buch zu nutzen, wie es dir beliebt.

Fängst du bei der ersten Seite an?
Oder bei der letzten?

Liest du nur eine Wortinspiration oder
doch die ganze Seite?

Lass dich inspirieren!
Viel Freude bei dieser spannenden Reise.

## ★ Herzensweg

Der Weg mit der Sehnsucht
und dem Wunsch,
wirklich authentisch zu leben.
Die eigene Vision zu verwirklichen
und das zu tun,
was dem eigenen Leben Sinn gibt.
FREIHEIT

## ★ SELBST UND BEWUSST

Ich gehe meinen Weg.
Mit Freude und Überzeugung
bin ich für mich da.
Ausgeglichen und voller Harmonie.

## Einlassen

... auf das Abenteuer Leben.
Aktiv handeln oder gelassen
»geschehen lassen«.
Akzeptieren und integrieren
von allem, was sich
Im Innen und Außen zeigt.
Alles ist ein Spiegel.
Schau ganz genau hin!

## NEUENTDECKUNG

Verschiedene Möglichkeiten
ausprobieren und ausschöpfen.
Herausfinden, was mir wertvoll ist.

## Gehaltvoll

Was gibt mir Halt?
Was treibt mich an?
Was inspiriert mich?

## Allein sein

mit meiner Zeit,
meinen Gefühlen,
meinem persönlichen Raum.
Schweigen und Stille sind wahres Glück.
Freiraum ist »Ent-Wicklung«.

## AKZEPTANZ

von allem, was ist, lässt mich erkennen,
was ich verändern darf, um mir nah zu sein.

## Veränderung

erfordert Mut.
Wenn ich die alte Tür schließe, rüttle ich nicht an der Klinke, schaue durch das Schlüsselloch oder werfe mich dagegen – in der Hoffnung, ich sähe etwas anderes als zuvor.
Ich wende meinen Blick ab, schaue mich um und sehe eine neue Tür im Glanz erstrahlen!
Ich habe den Mut und die Neugierde, das, was sich mir präsentiert, zu bestaunen und zu erkunden.
FAZIT: In allem liegt die Chance zu Besserem.

## Ausdruck

Eindeutige Handlungen.

Klare Kommunikation.

Bewusste Konsequenz.

Verantwortungsbewusste Entscheidungen.

## *Verbindung*

bedeutet:

tiefe Liebesmomente und Gefühle,

Gleichklang,

Nähe,

emotionaler Austausch,

sexuelle Anziehung

und Zusammenhalt.

## ✶ Situationen

in denen wir uns erreichen,
mit positiver Resonanz,
Zuneigung,
Zärtlichkeit,
Begehren,
Hingabe,
Bewunderung und Erfüllung.
Dies ist ein kontinuierlicher Prozess, weil Freiraum und Nähe sich die Balance halten.
Wir denken über uns nach, erfühlen den Zeitpunkt und lieben authentisch.
Tiefsinnig und warmherzig.
Offenherzig und leicht.

## Fester Blick

auf`s Wesentliche. Das eigene Wesentliche!

## RISIKEN EINGEHEN

- bedeutet, mit Mut, Ausdauer und innerer Stärke neue Situationen auszuprobieren und durchzusetzen.

## Erfahrung sammeln

außerhalb der eigenen Komfortzone bedeutet Überwindung.
Der Lohn ist Kraft und Zuversicht.

## ★ Entschlossenheit

- bedeutet auch, Hilfe anzunehmen.
In einem Gefühl der Gemeinschaft
Zugehörigkeit zuzulassen
und doch ganz individuell zu sein
und zu entscheiden.

## ★ ERKENNTNIS

In meiner Welt entscheide ich,
was ich tun und denken darf.
Frei von Urteilen.
Die anderen dürfen von mir denken,
was sie wollen.

## ANERKENNEN

dass im Strudel der Transformation
tiefe Erkenntnisse zutage treten.

## SICHTWEISEN

sind abhängig von Erfahrungen.
Es sind niemals die Ereignisse, die zählen,
sondern die Sichtweise auf die Herausforderungen.
Diese Erkenntnis hilft bei der Lösung.
Beobachten, heraustreten aus der Situation
und die Fähigkeit,
selbstbestimmt einen Weg zu finden –
das ist essenziell.
Das Wichtige vom Unwichtigen unterscheiden.
Aussortieren, was bleiben darf.

## ★ Bewegung

Alternativen finden. Konsequenzen erkennen.
Veränderung zulassen.
Konkret und realistisch das Ziel setzen.
Motiviert handeln.
Widersprüche im aktuellen Handeln erkennen.
»Was hat gut geklappt?«
»Was kann ich noch besser machen?«
Der Glaube daran, dass ich Veränderung erfolgreich durchführen kann, und der eigene, innere, starke Impuls, etwas sinnvoll und erfolgreich zu gestalten, lässt durchhalten.
Die Ergebnisse freudig integrieren
und die Leistung anerkennen,
das gibt Lebenslust und -freude.

## INSPIRATION

braucht Ruhe der Gedanken und offene Sinne.

## Masken

... machen unerreichbar.
Wer verletzt wurde, verletzt.
Niemand sollte und kann
den Prozess der Selbstfindung beschleunigen.
Niemand kann durch andere erlöst werden oder
andere durch was auch immer überzeugen.
Die Menschen haben ihr eigenes Tempo
und ihren eigenen Weg.
Jedem »geht sein eigenes Licht auf«.
Früher oder später wird er es wissen.

## Masken

der Rationalität
der Schuldgefühle
des Erfolges
des Abstandes
der Unabhängigkeit
des Vergessens
der Freundschaft

## IN RUHE

sortieren, analysieren,
sich konzentrieren, fokussieren
und das Gefühl, etwas zu erkennen, genießen.
Die Sicherheit, im Moment alles zu wissen.
Morgen ist ein neuer Tag!

## ✶ SELBSTLIEBE IST

- unabhängig zu sein,
- mich verantwortungsvoll um mich selbst zu kümmern,
- mit emotionaler Kompetenz Grenzen zu setzen,
- Selbstzuwendung.

## ✶ STÄRKE

Echte Bindung entsteht durch Reife,
durch Abstand, Humor und Einsicht.
Durch Freiwilligkeit
und gemeinsam gefundene Lösungen und gute Kompromisse, die gerne eingegangen werden.
Eine Bereicherung für beide.

# ✶ PARTNER

Ich möchte einen Menschen an meiner Seite,
der mich sieht
und mich wahrhaftig liebt.
Der an meiner Seite bleibt
und mich auf allen Ebenen versteht.
Mich bereichert, stärkt, fördert und fordert.
Vertrautheit und Liebe dürfen wachsen.
Ich bin ein individuelles Geschenk
und sehe den anderen ebenso.
Humor, ein Blick für die Realität,
Freude, Spontaneität
täglich genießen.
Einlassen aufeinander ist Verbindlichkeit.
LEBEN. LIEBEN. LACHEN.

## DIE SEELE

gibt das Tempo vor,
nicht das EGO.

## *Drama*

WARUM LIEBEN MANCHE MENSCHEN DAS DRAMA?
Ich liebe die »Komödie« –
mit Leichtigkeit, Tiefgang und der Gewissheit
des guten Ausgangs.

## MIT DEM GELIEBTEN

gibt es das Paradies.

## NÄHE

Kompromisslos zulassen.
Ersehnt oder gefürchtet?
Hinsehen.
Manchmal den Schmerz der Erkenntnis aushalten,
ihn durchstehen ...
Hinsehen und hinfühlen.
BIST DU MUTIG GENUG?

## *Loslassen*

Es gut sein lassen.
Losgehen und lassen.
Gut sein.

## Gefühle

die sich zeigen, nehme ich an.

## *Ich höre …*

… auf mein Herz.
Auch die Stille des Alltags kann aufrüttelnd sein.
Ich stehe im Wind,
der tosend rauscht und mir
blitzartige Erkenntnis schenkt.

## *Neuanfänge*

sind lebensverändernd, tiefgreifend, aufrüttelnd,
nachhaltig, stärkend …

## Strategien

nützen nichts, um ungelöste,
alte Wunden zu vergessen.
Gehe durch Gefühle und Emotionen.
Nimm alles an. Fühle.
Durchschaue, was dahintersteckt.
Nimm dir Zeit.
Ziehe dich zurück, um reflektieren zu können.
Aufbrechen ist »Ent-Wicklung«.
Innere Befreiung bietet Raum zur Heilung.
Frieden und Entspannung sind
»Ent-Wicklungs-Schritte« zur Selbstliebe.
Begegnung und gleichwertiger Austausch
sind wesentlich.
Auf »Augenhöhe« Verschiedenheit leben,
das ist wundervolles Wachstum.

## Werte

sind wertvoll.

## HERAUSFORDERUNGEN

Was kann ich daraus lernen?
Was kann ich jetzt tun?
Was ist gut an dieser Situation?

## Vertrauen

in den göttlichen Zeitplan
erlaubt keinerlei Ungeduld.

## FRAGEN

Worüber bin ich glücklich?

Was macht mich dankbar?

Worauf bin ich stolz?

Wen liebe ich?

Was begeistert mich?

Welche schönen Erinnerungen tragen mich?

Was beflügelt mich?

Wodurch werde ich ein noch wertvollerer Mensch?

Wo stehe ich? Wo will ich hin?

FRAGEN eröffnet Perspektiven.

## VOR DER VERÄNDERUNG

steht die Akzeptanz.

## Ich und du

wild und kraftvoll
stark und spielerisch
direkt und durchdringend

## Ich liebe

deine und meine
Schnelligkeit im Denken und Fühlen
Zuverlässigkeit im Handeln
Präzision und Hingabe
Offenheit und Ausgelassenheit
Echtheit und Tiefe
Lebenslust und Genussfähigkeit
und so viel mehr ...

## GROSSARTIG

Sei nicht weniger, als du sein kannst!
Das Wahre ist immer einfach!
Ängste sind immer
ein Ausdruck mangelnden Vertrauens.
Das Bewusstsein der Seele birgt
FREIHEIT, WAHRHEIT UND LIEBE.

## Gute Lebensschule

Durch Tiefen gehen.
Auftauchen.
Verstehen.
Wege suchen.
Sich damit selbst finden.
Befreiung.

## ★ Hilfeleistung

Nur als Hilfe zur Selbsthilfe.

Sei edel und wähle weise.

»Retten wollen« ist unangebracht.

Schmerzhafte Erfahrungen darf jeder machen.

Sie sind wichtig.

## ★ ERKENNTNISSE

SOZIALE KOMPETENZ

ersetzt nicht Wissen und Können.

WEISHEIT ist Erfahrung und Erkenntnis.

EFFEKTIV ist die Frage nach dem Warum.

LÖSUNG ist die Antwort auf das Wie.

BEFREIUNG mit der Antwort auf das Wohin.

FÄHIGKEITEN sind Möglichkeiten.

## Es darf leicht sein …

… zu empfangen, Geschenke anzunehmen,
sich auf die Fülle auszurichten,
zielorientiert zu bleiben
und selbstbestimmt zu agieren.

## Durch dich

stelle ich meine inneren, eigenen Wertungen
infrage. Revidiere meine Urteile.
Bleibe offen und humorvoll.
Entdecke meine noch vorhandenen
»kleinen Schatten« und »Vermeidungsstrategien«,
die dich amüsieren.
DU DURCHSCHAUST MICH UND
ICH SCHAUE MICH …

## Welche Werte, Interessen und emotionale Kompetenz ...

... ist vorhanden?

Erforschen und entdecken.

Reden und Fragen stellen.

Staunen und allem Zeit lassen.

Vertrauen, sich annähern,

beobachten und erkennen.

## Neues beginnen

Ich mache es.

Ich mache es einfach.

Ganz einfach so.

Durchhalten wird belohnt.

## HERZENSFÜHLEN

DIESER MOMENT
geboren aus dem JETZT,
aus der Klarheit des SEINS,
leicht, frei und doch verwoben mit ALLEM, WAS IST,
gefüllt mit meiner SEELE und mit meinem HERZEN.
DIESER MOMENT,
eine Brücke zum LICHT,
zu meinem Kern, zu meinem ICH BIN.
DIESER MOMENT,
intensiv, weil verwandelt in
NICHTS und ALLES,
losgelöst, neu und rein.
MEIN MOMENT –
ein Geschenk.
ICH BIN DER SIEG DER LIEBE.

## ★ BLICKWINKEL

Die eigene Intuition ist Wegweiser,
ermöglicht Wachstum, Klarheit ist ein Prozess …
und bedingt Entschlossenheit, Willenskraft u. v. a.
Bewusste Entscheidungen und bewusste Handlungen
setzen Stille und Klarheit voraus.
Vertrauen und intensives Fühlen.
Klare Kommunikation, eigene Prioritäten,
vollkommene Aufrichtigkeit und Wahrheit.
Die Bereitschaft loszulassen bedeutet,
alles anzuerkennen.
Neutraler Raum, Achtsamkeit, Respekt, Mitgefühl,
positive Abgrenzung. Abtauchen in den Herzensgrund.
Wachstum in der inneren tiefen Stille.
Freude, Glück, Harmonie, Frieden.
Liebe, bedingungslos, Freiheit, Individualität.
JA, ICH HABE DAS ALLERBESTE VERDIENT
UND NEHME ES FREUDIG AN!

## ERFAHRUNG

beinhaltet Entfaltung.

## *Ruhe und Einsicht*

In der Stille
bin ich offen für die Antworten,
nach denen ich suche.
Hoffnung und Zuversicht.
Sieg über Zweifel.
Wundervoller, vielversprechender,
innerer Reichtum.
Emotional, geistig und seelisch.
Kraft und Überzeugung.
Vollstes Vertrauen im Jetzt.
DENN ALLES, WAS GEHEN MUSSTE,
MACHT PLATZ FÜR BESSERES, NEUES.

## Erkenntnisse

Werde wirklich du.

Groß und wundervoll.

Nimm deinen Raum ein und wachse.

Sei frei, damit dein Seelenstern leuchtet.

## Wegweiser

Der Weg des Herzens ist der Weg der Seele.

## Der Wunsch

ist das Ziel. Der Weg ebenso.

## ERKENNTNISSE

VERSTEHEN
bedingt ein Gefühl für Zusammenhänge.
INDIVIDUALITÄT braucht Verbundenheit.
DURCHBLICK ist eine Energie der Freude,
Bedachtsamkeit,
Achtsamkeit
und des Bewusstseins.
ALTES LOSLASSEN,
um Neues zu empfangen.
Öffne dein Herz und deine Hände.
ÄUSSERE ORDNUNG
entspringt aus innerer Klarheit.

## ★ Der Schlüssel zum Erfolg …

… liegt darin, mich geduldig führen zu lassen,
zurückzutreten, Situationen loszulassen.
So finde ich Klarheit und den Mut, meinen Weg weiterzugehen. Wichtig ist, dass es mein Weg ist.
Selbst Umwege und Sackgassen kenne ich bereits, auch das Gefühl, mich verlaufen zu haben, stehen bleiben zu wollen, einfach zu ruhen und mich zu erfreuen. Die Erkenntnis dabei ist: mit leichtem Gepäck zu gehen, den Rucksack der Vergangenheit abzustellen und im besten Fall den Inhalt als nutzlos zu betrachten. Er hat seinen Zweck erfüllt.
Ich nehme die Vergangenheit nicht mit
in meine Gegenwart oder die Zukunft.
Gegenwärtigkeit ist das Zauberwort.
Ich erinnere mich an Schönes, weil es mich trägt.
Herausforderndes darf mich erfüllen,

aber nicht lähmen. So bin ich frei, denn im Moment
ist die Ewigkeit. Dies gibt mir freudige Gelassenheit.
Denn gehen muss und darf ich. Immer weiter.
Ich habe gelernt, dass ich nicht immer
das bekomme, was ich mir wünsche, und
im Nachhinein war das durchaus gut und richtig.
Ich bekomme immer das, was ich im Moment
brauche, um zu wachsen, mit allem, was ich bin
und was mich ausmacht ... und dafür bin ich sehr
dankbar, denn es hat mich zu dem Menschen
gemacht, der ich jetzt bin.
Mein Blickwinkel auf Menschen und Situationen ist
eingeschränkt, denn ich kenne nicht das »Große
Ganze«. Jeder ist auf seinem Weg genau da, wo er
im Moment ist, richtig. Ganz präsent im Jetzt zu sein,
erfordert eine fokussierte Energie.
An jedem geschenkten neuen Tag tue ich das, was
ich kann, mit dem, was ich habe. Dort, wo ich bin ...

## Welche Erwartungen und Wünsche hast du?

Erfüllst du diese selbst?
Nur was du bereits in dir hast und was geheilt ist, kannst du geben.
Verschenke es. Verschenke dich.

## Stimmungen

FRÜHLINGSERWACHEND
SOMMERWARM
HERBSTGOLDEN
WINTERSTILL
ÄUSSERE ORDNUNG UND INNERE KLARHEIT

## ★ FRAGEN

Was brauche ich, um glücklich zu sein?
Was tue ich um, glücklich zu sein?
Welche Priorität hat Glück für mich?
Welches Glück habe ich in mir?
In welchen Situationen kreiere ich Glück?
Welche Glücksmomente habe ich
im Inneren fest verankert?
Was lässt mich strahlen vor Glück?

## ★ LIEBE

Ich habe etwas Wertvolles zu geben.
Ich bin ein großer Gewinn.
Ich bin ein einzigartiges Geschenk.

## ★ ERKENNTNISSE

MUT zu haben bedeutet: Fragen zu stellen.
Zuerst sich selbst, dann den Beteiligten.
Wir geben unseren Ängsten nach, anstatt uns
unseren Möglichkeiten zu öffnen.

Haben Ausreden für unsere vermeintliche Sicherheit.
Treffen Entscheidungen,
damit wir in der komfortablen und
bequemen Zone bleiben,
weil Veränderung Konsequenzen mit sich bringt.

Sind überfordert, verweigern das Wachstum,
die Lebendigkeit, die Entwicklung.
Es siegen die Kontrollmechanismen,
weil das Vertrauen fehlt.

UND ALL DIES RAUBT ENERGIE,
bis der Prozess in uns beginnt: Wir räumen auf!

Übrig bleibt das Licht unserer Essenz.
Die Lebensfreude kehrt zurück.
Jeder Tag wird zum Abenteuer.
Wir können immer nur dazugewinnen.

## ✶ MENSCHEN

Ich möchte einen Menschen an meiner Seite,
der folgende Attribute schätzt
und diese ebenso verschenkt:
Geborgenheit, innere Ruhe,
Intellekt, Analytik,
Zielorientiertheit,
Romantik.
Einen Menschen, der Resultate realisiert,
lösungsorientierte Strategien entwickelt
und anwendet.

Aus diesen Weisheiten und Talenten
erwachten die Inspiration,
positive Leichtigkeit,
Ruhe,

Entspannung,
Erholung,
welche zur Sinnhaftigkeit des »Wir« beitragen.

Das individuelle »Ich« wird bereichert
und entfaltet sich in seiner Einzigartigkeit
und Individualität.
Durch diese »Verlässlichkeit« –
als freiwilliges Geschenk« –
wird das Vertrauen auf allen Ebenen vertieft.

Die Liebe,
ein komplexes System
und nicht vorhersehbar.
Ein riesengroßes Geschenk.

## ✶ GANZ EGAL ...

... vor welcher Herausforderung ich stehe,
welche Abgründe sich auftun,
welche Stolpersteine vor mir liegen,
die perfekte Lösung ist auf dem Weg zu mir.
Ich gehe, springe und fliege mit meinem jetzigen
Bewusstsein und weiß: Alles ist gut!!
In der Vergangenheit manchmal mit dem Mut
der Verzweiflung,
nun aber mit der Erkenntnis:
ohne all dies wären wundervolle Klarheiten
im Schatten geblieben.
Nur deswegen bin ich die, die ich bin.
Das Leben ist ein Abenteuer.

## DU UND ICH

GLÜCKSMOMENTE UND TIEFE

DURCH DICH entdecke ich mich neu.

DU respektierst und forderst heraus.

Brillant und schlicht, zielgenau.

DU blickst mich an.

Still, entzückt, ruhig, tief, zärtlich und staunend.

DU bist unterhaltsam, mitfühlend,

faszinierend, inspirierend, forschend.

DU SCHENKST UNSEREN GEMEINSAMEN

MOMENTEN DAS, WAS SIE VERDIENEN.

Meine Herzensfreude ist dann zu groß für Worte.

DU siehst mich und ich sehe DICH!

DANKE.

## LIEBE

Tiefe. Hingabe. Präsenz.

## *Liebe*

MEINE SEELE

kennt den Weg.

MEIN HERZ

weiß die Antwort.

MEIN VERSTAND

darf da sein und sich melden.

## LIEBE

Klarheit durch Wahrheit.

# ★ SELBSTLIEBE

Ich habe den Weg zu mir gefunden.
Ich weiß, aus welcher Richtung ich komme,
also weiß ich auch,
in welche Richtung ich weitergehen muss.
Manchmal sehe ich nur ein kleines Teilstück.
Manchmal nichts.
Manchmal bis zu einer Wegbiegung oder
Weggabelung. Ich gehe Schritt für Schritt,
denn gehen muss ich sowieso.
Das ist das Leben.
Stolpersteine, Hindernisse tauchen immer wieder
auf. Das ist das Leben.
Ich bin wie Wasser, welches immer fließt
und sich seinen Weg schafft.

## Liebe

Hab keine Angst davor zu lieben, egal, was passiert.
Am Ende zählt das, was wir lieben.
Nicht warum oder wenn, sondern WEN.

## LIEBE

Kommunikation heißt zuhören, um zu verstehen.

## Zeit zu handeln

Wie lange verschiebst du deine Träume
und Pläne auf einen ungewissen Zeitpunkt
in der Zukunft? Wie lange?

## IN MEMORIAM

Die Seele ist ins Licht vorausgegangen, schon vor so langer Zeit! Die Essenz ist heimgekehrt. Auf allen Ebenen bleibt die bedingungslose Liebe erhalten. Sie ist vollkommene Reinheit.
Die hier Verbliebenen dürfen sich mit Liebe erinnern an diese Seele. Mit Dankbarkeit für alles Gewesene. Alle Lernlektionen.
Mit der Erkenntnis, alles getan zu haben. In dem Bewusstsein, welches zu jener Zeit erreicht war. Mit dem Mut, Grenzen zu setzen, und der Kraft, den Verlust anzunehmen und ihn in Dankbarkeit zu verwandeln. Mit dem Wissen, wie wertvoll die Lebenszeit ist.
NUTZE SIE WEISE. ICH DARF MICH ERINNERN.

## ★ Zustand

Frage:

Aufgeben oder neu durchstarten?

Antwort:

Ich weigere mich, mich mit dem »Zweitbesten« zufriedenzugeben!

Ich freue mich auf das »Alleralleroberbeste«.

Morgen ist ein neuer Tag und

Heute habe ich meine Antworten!

## ★ Einfach

Still, sensibel, locker, entspannt, sprühend, harmonisch. Es ist so einfach, dich zu lieben.

## ★ EMOTIONALER STOLPERSTEIN

»AUA«!!!
Ich kann und will mir nichts vormachen,
deshalb sehe ich ganz genau hin!
Es ist nicht das,
was andere tun oder lassen,
es ist das,
was ich zulasse,
dass es mit mir macht ...!

## ★ Erfahrung

Ich weigere mich, mich mit etwas zu belasten,
was nicht meiner Wahrheit entspricht.
Darüber bin ich sehr erfreut.

## ERKENNTNIS

Ich erkunde in der Ruhe und Stille sorgfältig,
ehe ich mich zu etwas verpflichte.
Wenn ich »Ja« sage, muss ich wissen,
zu was ich »Nein« sage. Und dann tue ich es
aus ganzem Herzen, mit ganzem Einsatz.
Weil es das Richtige ist.
Denn wenn ich fühle »ich schaffe es«,
dann schaffe ich es!

## *Wachstum*

Danke, dass einiges ganz anders kam als zunächst erwartet. Ich bekam manches Mal nicht das, was ich mir wünschte aber ich bekam, was ich brauchte.

## ★ LIEBE

Ich schätze deine Ritterlichkeit, deine Fürsorge,
deinen Humor, deine Leidenschaft,
deine Wachheit, deine Aufmerksamkeit
und deine glasklare Logik –
gepaart mit Komik und Brillanz.
Das Strahlen deiner Augen
und deine warmherzige Präsenz
leuchten in mein Herz. Ich freu mich so.

## ★ *Wir*

können so viel zusammen erreichen und bewegen.
Gemeinsam schaffen wir etwas Bedeutsames.
Die Zeit ist reif. Wir auch.

## ✶ DU

Trotz Rückschlägen
weiter forschen und finden.
Beobachten,
erkennen durch rationales,
logisches Vorgehen.
Deine große Erfahrung.
Du hast hart gekämpft bis hierher.
Bist getrieben.
Gibst nicht auf,
denn deine Visionen sind wie dein Atem.
Deine Ergebnisse sind groß und wichtig.
Du machst nun etwas noch Größeres zum Wohle aller.
Forschung bedeutet u. a.
das Zusammenspiel von Kopf und Fähigkeiten,

Energie,
Brillanz,
eiserner Wille,
Durchhaltevermögen.
Dies ist nur ein Teil von dir!
Du entdeckst dich durch mich und findest
deine Antworten!
Deine Mauer bröckelt
und dein Herz wird berührt
und ist ganz weich.
Nun bist du beschwingt.
Wie wundervoll.
DANKE.

## LIEBE

Es ist so unerwartet und wundervoll.
Neu und altbekannt.
Wie schön, dass du an mich denkst
und mir immer wieder zeigst,
was ich dir bedeute.
Du bist erstaunlich.
Danke, dass du mir vertraust und
deine Vergangenheit, deine Erfahrungen,
Emotionen und Gefühle mit mir teilst.

## *Liebe*

Du gibst mir das Gefühl, die attraktivste, klügste
und interessanteste Frau der Welt zu sein!
Danke, ich finde mich auch toll!

## ★ WIR SEHNEN UNS

nach Loyalität
Herzlichkeit
Einfühlungsvermögen
Fürsorglichkeit
Aufrichtigkeit
Verständnis
Geduld
Gelassenheit
Humor

Alles dies haben wir bereits in uns.

Wann lebst DU deine bedingungslose Liebe?

## ★ *Liebe*

ist Freiheit.

## ★ Wir suchen

Vertrautheit

Akzeptanz

Unterstützung

Zuneigung

Verbindlichkeit

Nähe

DU bist bereits dein bester Freund!

Wenn du mit dir und über dich lachen kannst
und all das, was du suchst, auch in dir findest
und dir geben kannst ohne Erwartungen,
dann steht plötzlich und unerwartet jemand vor dir.
Wie aus »dem Nichts«!

## ★ Reife

Wer um die Endlichkeit weiß,
der sieht den klaren, tiefen Augenblick mit all
seiner Schönheit
und füllt diesen mit Leben, Glück und Liebe.

## ★ Danke

Wir sind füreinander Anker in tosender
und stiller See.
Felsen in der Brandung und Bojen, die markieren.
Wir sind Kapitän und Mannschaft,
gerüstet für alle Naturgewalten,
frei, mutig, spontan,
wettergegerbt, erfahren, abenteuerlustig.
Wir lieben bedingungslos.

## ★ DU BIST

überraschend, spannend, vielschichtig
und des »Erforschens wert«.
Du – mit deiner geheimnisvollen, schönen Seele.

## ★ Meine Liebe

So tief wie das Meer.
So hoch wie der Himmel.
So frei wie der Wind.
So reinigend wie der Regen.
So stark wie die Sonne.
So weit wie das Universum.
So unendlich,
erfüllend und allumfassend.

## MEINE MUSE

Wenn das Wasser klar und rein sich bricht,
Schaumkronen tanzen, Licht sich spiegelt,
so grün und unergründlich geheimnisvoll
wie deine Augen.
Du breitest deine Arme aus und ich fliege lächelnd hinein.
Nichts existiert sonst, nur unser Herzschlag und
die Gewissheit, angekommen zu sein.
Ein unvergesslicher Moment. Immer wieder.

## *Fragen*

Wie sieht die wundervollste Version
meines Selbst aus?

## FRAGEN

Was mag ich an meinem aktuellen Verhalten?
Was erfüllt es für mich?
Welche Konsequenzen hat es?
Wie wichtig ist es mir?
Wie fühle ich mich?
Wie zuversichtlich bin ich,
meine Pläne erfolgreich umzusetzen?

## Ich übernehme …

… die volle Verantwortung für das Ziel,
welches ich aus vollem Herzen verwirkliche.

## FRAGEN

Was ist Wunschdenken?

Was ist Realität?

Was lässt sich zuordnen?

Was lässt sich finden?

Sortieren und neu zusammenfügen.

## DANKE

Für die Möglichkeit der Reflexion.

Für die Schönheit in der Unvollkommenheit.

Für die neuen Sichtweisen.

Für die innere Zufriedenheit, gespeist aus eigener Wertschätzung.

Für die Kraft meiner Gefühle.

ODE AN MEIN LEBEN

## GEDANKEN

Ich greife nach den Sternen.
Träume grenzenlos groß und werde
Meisterin meines eigenen Schicksals.
Daraus kann nur Gutes entstehen.

## *Auf den Blickwinkel kommt es an*

Überblick
Durchblick
Weitblick
Ausblick
Augenblick

# ZUNEIGUNG

Mit meiner Herzenswärme und meinem positiven Charisma bewege ich dein Herz zu einem Lächeln. Ich mache es dem Glück leicht, und durch einen regen und lebendigen Austausch entsteht Nähe. Intensive Gefühle wachsen langsam, aber unaufhaltsam in die Tiefe. So zieht man einander »in den Bann«. Das positive Echo ist fühlbar.
Wir werden mit glücklichen und erfüllten Momenten belohnt, die uns durch den Alltag tragen.
Liebe. Halt. Geborgenheit.
Romantik. Zärtlichkeit. Vertrauen.
Dynamik in der Andersartigkeit, Toleranz,
Freude an gleichen Interessen und Zielen, Freiraum!
»Die Chemie stimmt«!

## ✶ PLÖTZLICH

... eine neue, veränderte Lebenssituation.
Neue Wege.
Neue Möglichkeiten. Neue Freiräume.
Manche Dinge sind nicht aufzuhalten oder zu verändern.
Wenn eine Tür sich schließt, öffnet sich eine andere und in der Zwischenzeit kommt es auf meine innere Einstellung und Bereitschaft an, auch schwierige Situationen zu meistern.
Ich stelle mich ein paar unangenehmen Wahrheiten.
»Ich bin meines Glückes Schmied«,
und immer wieder geht die Sonne auf!
DANKE für meinen Erkenntnisprozess.

## Die sprudelnde Quelle

Liebe. Kraft. Energie. Intensität. Leben.

## *Ideale Kombination*

Ich gönne mir Stunden, um mich zu entfalten.
Ich greife nach den Sternen und nutze deren Gunst »mit Sinn und Verstand«.
Mein herzerfrischendes Elixier zum »Glücklichsein«.
Ich bin selbst ein funkelnder Stern.

## LIEBE

Unsere Beziehung ruht auf einem stabilen und soliden Fundament.

## Feinfühligkeit

Unerwartete Fügungen und tiefgehende Erfahrungen.
Über sich hinaus wachsen. Füreinander.

## HEUTE

... stehe ich in meinem Mittelpunkt
und da gehöre ich auch hin!

## HEUTE

... treffe ich ruhig mutige Entscheidungen.
Geschieht etwas Besonderes.
Ist vieles ausbaubar.
Habe ich selbst meine größte Priorität.

## HEUTE

HEUTE bringe ich Schwung in die Alltagsroutine,
die durchaus auch tröstlich sein kann.
Probiere ich etwas Neues aus.
Steht alles auf »gutes Gelingen«.

## *Heute*

Sage ich JA zu mir,
sage ich JA zu dir,
sage ich JA zu uns,
sage ich JA zum Leben, Lieben, Lachen,
feiern wir die Liebe in all ihren Facetten.
EINFACH GLÜCKLICH SEIN.

## Heute

... bin ich reif für die Insel.

Das Leben zeigt sich von seiner angenehmen Seite.

Alles ist erlaubt – nur nicht so viel Routine!

## HEUTE

... bin ich für das Vorhandene dankbar,
darf ich mir selbst gerecht werden,
wende ich mich mir selbst zu und schöpfe Kraft,
nehme ich mir »Bedenkzeit«,
reagiere ich aufgeschlossen,
finde ich den Kern in den Angelegenheiten,
zeige ich mich durch mein Können und Wollen,
höre ich auf meinen Instinkt.

## ★ Heute

... bin ich neuen Entwicklungen und Möglichkeiten
gegenüber noch aufgeschlossener,
beziehe ich klar und locker Stellung,
bin ich bereit für jeden Moment.

## ★ HEUTE

... möchte ich neue Eindrücke.
Möchte ich solche hinterlassen,
habe ich Charme, Köpfchen, Herz und Charakter,
bin gut gelaunt, optimistisch und kompetent,
höre ich ganz genau hin,
liege ich richtig, sagt mir mein Lächeln!

## HEUTE

Ruhe. Stille. Schweigen. Langsamkeit. Achtsamkeit.
Welch ein Hochgenuss.

## Heute

gehe ich leichtfüßig durch den Tag,
erkunde ich, »was mit dem Himmel übereinstimmt«,
genieße ich die Vorzüge eines unabhängigen,
freien Daseins,
darf ich »Großes bewegen«,
teile ich meine Fähigkeiten und Talente,
spüre ich die »Macht des Augenblicks«.
DU
bist ein Freund fürs Leben.

## HEUTE

bereichere ich die Welt.

## *Heute*

...nehme ich kleine Korrekturen
bei meinen Gewohnheiten vor,
bin ich noch glücklicher,
strebt mein Innerstes nach Wahrhaftigkeit,
nach »der Leichtigkeit des Seins«,
nach Einklang,
spüre ich die ganze Pracht in allem
und deshalb bin ich heute auch
erfüllt von unendlicher Dankbarkeit!

## Wir

Nähe ist keine Frage der Entfernung!

## DIE LIEBE

... findet mich und fließt,

wenn meine Seele in jeder Hinsicht »JA« sagt.

Ich liebe mein Gegenüber allumfassend,

mögen seine Facetten auch unterschiedlich sein.

Unvoreingenommenheit.

## WIR

... spiegeln uns wie diamantene Lichtpunkte.

## HEUTE

bringe ich mich ein,
laue Ausreden dürfen abprallen,
Menschen, die mir begegnen,
dürfen ganz sie selbst sein,
sich auf mich einstimmen oder es lassen!

## HEUTE

habe ich lauter gute Ideen,
spüre ich mich ganz intensiv,
kann ich laut über mich lachen,
umarme ich einen Baum und küsse eine Blume,
winke den Vögeln
und erfreue mich an der Schöpfung.

## ★ HEUTE

... erscheint mir die Welt attraktiv,
verinnerliche ich den rauschenden Tanz
und das Flirren der Sonne,
ist Sommer.
DER Sommer meines Lebens.
Es ist immer nur das JETZT.

## ★ Heute

freue ich mich auf interessante Aufgaben,
verändere ich meine Abläufe,
weiß ich wieder, wie wichtig es ist,
die Dinge mit dem nötigen Abstand zu betrachten,
habe ich Vertrauen in meinen Weg,
ist ein vielversprechender Tag.

## *Heute*

erlebe ich ganz bewusst ungestörte Geborgenheit.

## HEUTE

bin ich erreichbar –
und morgen in meinem »Elfenbeinturm«.
Dann hat die Außenwelt Pause.
Ich lade mich auf.
Neu. Schillernd. Erhebend.
Breite meine Flügel aus und fliege hoch und weit.

## HEUTE

bin ich geborgen, beschützt und aufgehoben.

## ★ HEUTE

bin ich mit mir selbst »im Reinen«.
Hurra, für alles andere gibt es Fleckensalz.

## ★ Heute

lasse ich starke Impulse wirken,
habe ich großes Interesse,
habe ich die freie Wahl,
komme ich mit meiner Welt prima klar,
genieße ich stille Atempausen,
fühle ich mich rundum wohl
in meiner Selbstbesinnung!

## ✶ *Heute*

fühle ich mich klar und stark,
entdecke ich die Freude der Innenschau,
konzentriere ich mich auf die Impulse meiner Seele,
wachsen Halt und Gelassenheit,
werde ich zur passenden Sekunde aktiv.

## ✶ *Heute*

freue ich mich auf bereichernden Austausch,
auf den richtigen Moment.

## ✶ HEUTE

bin ich gefühlvoll.

### HEUTE

nehme ich mir Zeit für meine Träume,
Visionen und Wünsche.

### HEUTE

... hebe ich mich ab und fliege zu den Sternen.
»Spaceshuttle« in meine unendliche GALAXY.

### Heute

erlebe ich wohlige Entspannung
und lustvolle Lebenskraft.
Ich bin in Bewegung.

## LIEBE

Gleichklang und tiefes Verstehen ohne Worte.

## Heute

ist meine Auffassungsgabe ausgezeichnet,
bin ich ganz ich selbst,
stehe ich zu mir,
habe ich viel zu bieten,
beobachte ich still und werde dann aktiv,
habe ich Spaß am Leben.

## Heute

freue ich mich auf alles, was mir begegnet.

## HEUTE

finde ich den goldenen Mittelweg,
habe ich Beeindruckendes zu bieten.

## HEUTE

zeige ich meine faszinierende, intelligente, kreative,
humorvolle Seite.

## HEUTE

stehen wichtige Entscheidungen an,
lasse ich mich aus vollem Herzen ein,
gebe ich mich hin
und nehme mich wieder zurück und bleibe ganz.

## TUNNELBLICK

Ist doch toll,
wenn ich am Ende ein strahlendes Licht sehe
und meinen Blick darauf fokussiere.
Das Licht ist hell und blendet mich nicht,
so kann ich geöffnete Türen erkennen.
Was mich erwartet, ist noch unklar.
Aber gehen, gehen muss ich!!!

## Sterne

... stehen für das Prinzip Hoffnung.
Ich sehe mit Zuversicht vorwärts.
Welch eine Aussicht!

## Erkenntnis

Wie meine Zukunft aussieht,
habe ich in erster Linie selbst in der Hand.
Ich schaffe Platz für Neues.

## FRAGEN

Es gibt immer einen Weg, der mich weiterbringt.
Nur wohin?
Zu anderen Ufern, zu besseren Bedingungen.
Zu mir.

## HEUTE

bade ich im Wasserfall meiner Facetten.

## HEUTE

liege, sitze, stehe und gehe ich
auf der Sonnenseite des Lebens,
konzentriere ich mich »ganz und gar«
auf das Schöne,
fühle ich meine Lebendigkeit,
bin ich »ent-schlossen«,
tanze ich lächelnd
mit den Sonnenstrahlen um die Wette.

## *Heute*

sehe ich einen »Silberstreifen« am Horizont.
sehe ich den Glanz der Sterne,
wenn der Tag vorüber ist.
Alles ist gut und wird immer besser!

# ★ MEIN WEG

Wie viele ...

... Umwege habe ich eingeschlagen?

... geöffnete Türen habe ich nicht gesehen?

... wirklich gut gemeinte Ratschläge habe ich nicht angenommen?

Wie oft ...

... bin ich gerannt, anstatt zu schlendern?

... habe ich mich verlaufen?

... konnte ich mich an einer Lebenswegkreuzung nicht entscheiden?

... habe ich in der Dunkelheit nach einem Licht gesucht?

... war ich erschöpft vom Bewältigen
der Hindernisse, die die Sicht versperrten?

... fühlte ich mich überfordert, weil ich den Sprung
in das »Ungewisse« nicht wagte?
... bin ich stehen geblieben, weil ich erschöpft war?
... wünschte ich mir zu einem Zeitpunkt
keine Veränderung?

Was sage ich mir nun?
Dies darf ich reflektieren und
mir vergegenwärtigen.
Das alles gehört meiner Vergangenheit an.
Es ist vergangen.
Es leuchtet ein heller Lichtstrahl.
Er ist ein Wegweiser und ich folge ihm
frohen Herzens. Immer weiter.
Der Weg ist das Ziel und mein Licht leuchtet!

## ★ *Heute*

lebe ich nach »Lust und Laune«,
verlasse ich meine routinierte »Komfortzone«,
nutze ich meine innere Kraft,
erlebe ich wertvolle Augenblicke
an besonderen Orten.

## ★ *Heute*

macht mein Lächeln den Tag!

## ★ HEUTE

Gewinne ich noch mehr Zuversicht und Vertrauen.

## ✶ MEIN WEG

Es bestand manches Mal kein Grund zur Angst oder sie war nicht gerechtfertigt oder angemessen. Es waren die Schatten der Vergangenheit! Früher oder später dürfen die Schatten weichen oder integriert werden. Ich habe viele Lernaufgaben und Prüfungen gemeistert. Danke.

## ✶ Erkenntnisse

Es gibt unendlich viele Möglichkeiten.
Finde ungewöhnliche Perspektiven,
Betrachtungs- und Herangehensweisen.
Dann entscheide und handele.

## Liebe

In deinen Augen
sehe ich die Antworten auf meine Fragen.
In deinen Armen
fühle ich mich angekommen und aufgehoben.
In deinem Lächeln
erkenne ich mich.

## Fragen und Antworten

Was ist mein Wesenskern?
Was macht mich wirklich aus?
Ich richte meine Aufmerksamkeit auf das, was ist.
Was bleibt übrig?
Ich bleibe bei mir.

## KOSTBAR

In meinem Inneren verbirgt sich eine Kostbarkeit.
Sie verleiht mir Energie, ruhige Stärke,
Selbstvertrauen und inneren Frieden.
Beglückende Erlebnisse,
die Kraft, jeden Tag flexibel zu reagieren,
den Tatsachen ins Auge zu sehen und
positive Erfahrungen zu machen.
Die Liebe ist eine Himmelsmacht, die mich lenkt.

## WUNDERVOLL

Ich bin gut genug.
Ich bin wertvoll.
Ich bin liebenswert.
Ich bin dankbar für alles, was geschieht.

## HEUTE

finde ich Unterschiede faszinierend,
fasse ich kühne Entschlüsse,
betrachte ich alles aus verschiedenen Richtungen,
finde ich Stille unterhaltsam und spannend,
bringe ich mich zum Ausdruck.

## HEUTE

habe ich erneut die Chance,
die zu sein, die ich bin,
nehme ich mir Zeit/habe ich Zeit für das,
was ich von ganzem Herzen liebe,
mache ich etwas aus mir,
verwöhne ich mich,
habe ich einen perfekten Tag.

## ★ HEUTE

spiele ich eine zentrale Rolle
und nehme mich selbst und das Leben leicht.
Ich schenke mir Raum und nutze die Zeit,
freue mich.

## ★ *Heute*

... lasse ich mich von dem leiten,
was mir guttut –
oder von etwas ganz Neuem.
Ich handele klar,
bewusst und effizient,
denn »glücklich sein« ist eine Entscheidung.

## *Heute*

… bin ich gegenwärtig,
unbeschwert und wundersam;
ist der vor mir liegende Tag wie ein reines,
weißes, unbeschriebenes Blatt;
mache ich meinen Weg schillernd und bunt.

## HEUTE

ist viel Zeit für Wunder.

## LEBEN

Im Spiegel sehe ich mehr als Spiegelungen.

## ★ Alles im Leben braucht Können

Ich kann mit gutem Gewissen annehmen
und geben.
Ich darf das Beste fordern,
es wird mir geschenkt.
Ich tue, was ich sage, und halte, was ich verspreche.
Ich bin gefestigt und setze mich mit aller Kraft ein.
Es ist sehr schön, mich auf mich selbst zu verlassen.
Ich erlebe mit Freude meinen jetzigen Lebens-
abschnitt.
Ich weiß, dass ich die schönste und wichtigste Zeit
meines Lebens im jeweiligen Jetzt habe.
Alles in meinem bisherigen Leben hat mich darauf
vorbereitet.
Ich freue mich so sehr.

## ★ Beobachtungen

Manche Menschen haben wichtige Positionen inne, gesellschaftliches Ansehen, einen hohen Status. Sie lehnen sich zurück und warten darauf, dass die Welt zu ihnen kommt und »nach ihrer Pfeife tanzt«. Sie geben sich generös.
Und viele Menschen in ihrer Nähe erhoffen sich Vorteile oder wollen sie nicht zum Feind. Erfolg ist wichtig, aber nicht auf Kosten des Charakters, der Ethik und der Würde. Was wurde und wird zerstört, überrollt, beiseitegeschoben, ignoriert und bezahlt für Macht? Ich wünsche dir Freunde, die dir menschlich nah sind, angenehm im Umgang und Charakter. Mit denen du Schönes wahrnimmst. Die dir wohlwollendes, ehrliches Interesse entgegenbringen, unabhängig von Äußerlichkeiten. Menschen, die dein Herz berühren.

## ERKENNTNIS

Ich darf mich stets daran erinnern,
was ich durch die Menschen,
die mich in meinem Leben begleitet haben,
gelernt habe.
In die eine oder andere Richtung.
Alles, was mir andere spiegelten,
war auch in mir selbst angelegt.
Vieles habe ich auch gelebt und erlebt.
Gleiche Situationen müssen nicht die gleichen
Ursachen haben.
Wichtig ist es, zu erkennen und zu handeln.
Im Frieden zu sein.
Mich daran zu erinnern, dass ich verantwortlich bin.
Dankbar zu sein für alles, was war,
und für alles, was kommt.

## ★ Mein Weg

Es kommt in meinem Leben darauf an,
Zusammenhänge zu erkennen und zu begreifen.
»Ent-täuscht« werden wir alle einmal,
aber das bedeutet auch, genau hinzusehen.
Weitermachen. Neu machen. Anders machen.
Niemals aufgeben.
Ich habe mich schon lange davon befreit,
etwas beweisen zu müssen oder zu wollen.
Ich erkenne mein rechtes Maß an.
Meine Erfahrung und mein Wissen helfen mir.

## ★ HEUTE

gelingt das Bestmögliche.

## LIEBE

Durch mich erkennst du dich
und entdeckst dich neu.
Durch dich lebe ich mein bestes Ich
und werde in mir noch stärker, als ich es bereits bin.

## DANKE

für deine Aufmerksamkeit,
für die Zeit, die du mir schenkst,
für die tiefe, emotionale Öffnung,
für deine weit ausgebreiteten Arme,
für deine Verbundenheit,
für deine Loyalität,
für deinen Humor,
für deine unendliche Liebe.

## ★ Sternenhimmel

Mit dir die Glanzlichter
in zauberhafter Atmosphäre genießen.
Ein- und Ausatmen im Gleichklang.
Unvergessliche Momente.
Es beschreibt den puren, reinen Moment,
der das Herz weit macht!!!
Dieser Moment verdient mein volles Herz,
meine Dankbarkeit, meine vollste Konzentration.
Dieser Moment braucht meine ganze Präsenz.
Dieser Moment: vergänglich, aber einzigartig,
pulsierend, zielgerichtet, freudig erfüllend,
unwiederbringlich JETZT.

## HEUTE

... habe ich lauter schöne An- und Aussichten.
Freue ich mich auf die entspannten Stunden.
Ist ein leuchtender Tag.
Suche ich Spuren und finde Wege.

## Heute

... entfalte und bewege ich mich in alle Richtungen.
Erkenne ich die sinnliche Farbigkeit
in meinem großartigen Überblick.
Darf sich schweigend auflösen, was gehen darf.
Sind Kopf, Bauch und Herz zutiefst vereint.

## Heute

... lebe ich Wildheit und Lebensfreude.
Beginne ich leicht und effektiv
mit großen Fragen und großen Antworten.
Wachse ich weiter und
stelle mich mutig meinen Schatten.

## HEUTE

... bin ich mein bester Ratgeber.
Werde ich optimal geführt.
Erhalte ich Hinweise
und sehe viele geöffnete Türen.
Atme ich meine Welt tief ein.

## HEUTE

... finde ich meinen persönlichen, tiefen, freudigen
Zugang zu einem neuen wundervollen Tag.
Bin ich zeitlos.
Zelebriere ich Lebenskunst.

## HEUTE

... lebe ich die Gewissheit der Freude.
Gewinne ich Gegenwärtigkeit.

## HEUTE

... bin ich lebensklug.
Fokussiere ich mich auf die Perfektion
des Augenblickes.

## ★ *Heute*

... stelle ich mir spannende Fragen.
Treffe ich gute Entscheidungen.
Verstehe ich mein Fühlen.
Bin ich einfach, klar,
achtsam und sorgfältig.

## ★ *Heute*

... bin ich mein Mittelpunkt.
Ist es Zeit für meine brodelnde Kraft.
Bin ich einfühlsam im Hier und Jetzt.
Bin ich besonders wertvoll.

## HEUTE

... erlebe ich hautnah.

Reise ich durch die Welt meiner Illusionen.

Trainiere ich mein Lachen.

## Heute

... lebe ich meine souveräne Ausstrahlung.

Genieße ich meine einzigartige Kraft und Schönheit.

## HEUTE

... spüre ich Geborgenheit.

Erkenne ich echte Perspektiven.

Verbinde ich Wirklichkeit und Wunschdenken.

## Heute

... bin ich spontan und experimentiere viel.

Bin ich eine Sensation.

## HEUTE

... bin ich mein Ruhestifter.

Eile ich mir zu Hilfe.

Verblüffe ich mich.

## Heute

... vollbringe ich Wunder.

Gelingt mir alles.

## HEUTE

... tut es gut, neue Wege zu gehen.

## HEUTE

... mache ich alles zu seiner Zeit.
Schöpfe ich meine Möglichkeiten aus.
Zelebriere ich achtsam meine Balance.
Verstärke ich alles, was funktioniert.

## HEUTE

... erschaffe ich Gutes.
Mache ich Unsichtbares sichtbar.
Genieße ich den Raum der Stille.

## Heute

... ist ein Grund zum Feiern.
Stärke ich mich.
Setze ich mich auseinander
und wieder zusammen.
Bin ich wandelbar.

## HEUTE

... verbinde ich Glücksrausch mit Stille.
Sende ich meine Herzenswünsche auf Reisen.
Lasse ich mich vollkommen in den Augenblick fallen.
Verschenke ich Zärtlichkeit,
Umarmungen und Küsse.
Höre ich die Stille.
Werde ich mir noch bewusster, was mich begeistert.

## Heute

... höre ich meine Zwischentöne.
Amüsiere ich mich köstlich.

## HEUTE

... freue ich mich über das Privileg,
»von allem mehr als genug zu haben«.
Bin ich im vielschichtigen Einklang.
Zelebriere ich Tatkraft
und friedvolle Rückanbindung.

## Heute

... küsse ich meine Muse.
Bin ich alles – außer gewöhnlich.

## HEUTE

… freue ich mich über unerwartete Wendungen.
Erzeuge ich Nähe und Hoffnung.
Möchte ich mehr über mein Herz erfahren.
Beschreibe ich meine Gefühle.
Schaffe ich exquisite innere
und äußere Erlebniswelten.

## HEUTE

… finde ich meine Wurzeln und erfreue mich daran,
wie weit und tief sie sich ausbreiten.
Bin ich sturmerprobt.
Entsteht die Welt in mir neu.
Ragen meine Antennen weit ins Universum.

## HEUTE

... entwickle ich Lösungen.
Finde ich mit liebendem Herzen
zum eigenen Ursprung.

## HEUTE

... aktiviere ich mein Potenzial.

## Heute

... fokussiere ich Gelassenheit.
Tanke ich Energie durch Atmen.
Halte ich inne.

## HEUTE

... bin ich ein Traumtänzer.
Bin ich fabelhaft, vergnügt und leichtfüßig.
Finde ich Antworten
auf meine wesentlichen Fragen
und liebe meine Werte.
Verwirkliche ich einen meiner Träume.

## *Heute*

Herzklopfen, Präsenz, Weiblichkeit!
Im Spiegel meiner Augen
bin ich die Heldin meines Alltags.
Lasse ich alte Gewohnheiten befreiend zurück.

## HEUTE

... verändere ich den Moment.

Bin ich mein »Mutmacher«.

Darf meine Welt aus den Fugen geraten.

Bin ich facettenreich und unkonventionell.

## *Heute*

... tauche ich ab in die Welt meines morgendlichen frischen Glanzes.

... frage ich mich: »MUST HAVE?«

## ✶ HEUTE

... blicke ich in die endlose Weite des Daseins
und bin noch glücklicher.
Lasse ich mir Zeit und genieße den Weg
in vollen Zügen.

## ✶ *Heute*

... wird es Zeit, mir zu begegnen.
Gibt es viel zu entdecken.
Versinke ich in purer, einsamer,
glückbringender Stille.

## Heute

... lerne ich Geheimnisvolles.

Tanze ich.

Bin ich bemerkenswert.

Lade ich Fremdartiges,

Neues und Ungewöhnliches ein.

## Heute

... bestärke ich mich.

Erkenne ich meine Vorstellungen und Erwartungen.

Erfahre ich mein Gefühl von Ganzheit.

Entspreche ich meinem Wesen.

Verstehe ich mich noch besser.

## HEUTE

... entwerfe ich eine neue Perspektive.
Halte ich meine Vorstellungskraft lebendig.
Springe ich über meinen Schatten.
Leuchtet die Energie meiner Ausstrahlung.

## HEUTE

... bringe ich noch mehr Licht
in meine Angelegenheiten.
Schaue ich spielerisch auf meine Welt.
Bin ich frisch und fröhlich.
Liebe ich meinen Freiraum.
Bringe ich mich voran.
Erschaffe ich etwas Neues.

## HEUTE

... kreiere und koste ich meine Ideen.
Bin ich einfallsreich.
Ändere ich mein Ziel.
Weite ich meinen Blick.
Feiere ich Unterschiede.
Überwinde ich mich.

## *Heute*

... verstehe ich mich noch besser.
Kann ich funktionieren, muss es aber nicht.
Tanze ich auf meinem Weg ins Glück.
Springe ich in Pfützen
und bade im Regenbogen.

## Heute

... verfüge ich über eine ganz besondere
Aussagekraft.
Schwinge ich mich freudig
auf die hohe Energie ein.

## HEUTE

... versinke ich in Leichtigkeit,
Liebe und Sonnenschein.
Spüre ich den starken Drang,
mich neu zu entfalten.
Fülle ich meine Kraftreserven.
Hole ich noch mehr Sonne in mein Leben.
Weht ein frischer Wind durch mich.

## HEUTE

... lasse ich los.
Schenkt mir der Tag einen großartigen Start.
Hole ich mir das Prickeln zurück.
Fangen meine Träume Feuer
und lodern bis in die Realität.
Lade ich mich zu neuen Abenteuern ein.

## HEUTE

... erobere ich den Tag im Sturm.
Treffen meine Argumente ins Herz.
Ist mein Geist hellwach.

## ★ HEUTE

... nehme ich alles noch bewusster wahr
und schärfe meine Sinne für die schönen Dinge.
Wandere ich abseits meiner üblichen Pfade,
entdecke und erkunde Neuland.
Erinnere ich mich an mein WARUM.
Tauche ich ein.
Versinke ich in meiner zielgerichteten Schaffenskraft.
Fühle ich ganz tief meine seelische Verbundenheit.

## ★ Heute

... bewährt sich mein starker
und wertvoller Erfahrungsschatz.

## Heute

… macht mein großes Reservoir an Optimismus mein Leben leicht und unbeschwert.
Ist der Weg frei, um besondere Erfolge zu feiern.
Schenke ich mir eine »Rundumexklusivbetreuung«.
Schätze ich die Annehmlichkeiten des Lebens, denn diese machen es zu etwas ganz Besonderem.

## HEUTE

… fahre ich meine Antennen in der Natur aus und bin ein Teil davon.
Träume ich, um noch Größeres zu vollbringen.

## Heute

... lasse ich etwas Dauerhaftes entstehen.
Ist mein Bauchgefühl mein bester Ratgeber.
Schicke ich meinen Geist auf die Reise.

## HEUTE

... verwirkliche ich meine Herzensziele.
Bin ich weiter auf dem richtigen Weg.
Bewahre ich meine Ruhe.
Lasse ich mir die ideale Nahrung für meine Seele
im Herzen schmecken.
Bin ich tiefgründig .

## Heute

… habe ich einen romantischen Erlebnisdrang.
Trenne ich mich von alten Mustern.
Entwickle ich mich ganz entscheidend.
Stelle ich mir die richtigen Fragen.
Lobe ich mein gutes Gespür.

## HEUTE

… lasse ich mich von meinem Tatendrang begeistern.
Beflügelt mich meine Energie.
Bin ich in meinem Element.
Setze ich meine mentale Stärke
und innere Ruhe ein.
Durchdringe ich komplizierte Zusammenhänge
und lerne so immer mehr.

## *Heute*

… vermittle und erweitere ich meine Sichtweise.

Erhellt meine Energie den Tag.

Trägt mich meine Dankbarkeit.

Sage ich JA zum NEIN.

Schaffe ich Tatsachen.

Tauche ich auf.

## HEUTE

… hole ich mich ab, wo ich stehe.

Betrachte ich alles von einer »höheren Ebene« aus und breite meine Flügel aus.

Bewege ich mich auf meiner höchsten Resonanzebene.

Geht es um tiefes, nachhaltiges »Berührtsein«.

## HEUTE

... lade ich meinen Einfallsreichtum ein.

## HEUTE

... wachse ich an meinen Herausforderungen
in den Himmel.
Schätze ich, was mich erfüllt.

## Heute

... spüre ich mein »Herzkraftwerk«.
Hole ich das Beste aus mir heraus und
lebe es glücklich.
Erschließe ich meine Horizonte.

## ✶ HEUTE

Hoffnung durch bewusstes Fragen.
Sehnsucht zu verstehen.
Stärke finden durch eigene Antworten.

## ✶ Heute

... sehe ich mein Leben von einer ganz anderen Seite – und dies ist sinnvoll und erfreulich.
Filtere ich den Sinn meines Lebens durch mein Herz.
Erkenne ich die Kostbarkeit in allem.
Erfüllt mich eine tief von innen aufsteigende Freude über die außerordentliche Farbigkeit meiner Eindrücke.

## ★ Heute

… schätze ich die Bedeutung meiner Zuversicht
und Hoffnung.
Empfinde ich in allen Zellen mein Licht –
und mein liebevolles Sein.
Bin ich aus meiner Bahn geworfen worden –
und das ist gut so.
Schöpfe ich Kraft aus der Muße.
Entdecke ich Gewöhnliches und
Außergewöhnliches, Echtes und Staunenswertes.

## ★ LIEBE

Danke für deine Präsenz
in Taten und Worten.

## ✶ TROST

Nachts sehe ich zu den Sternen
und ich weiß ganz gewiss,
diesen Anblick teilen wir.
Nähe hat nichts mit Entfernung zu tun.

## ✶ LIEBE

Zuhören und still sein.
Gegenwärtig sein.
Hingabe und zielgerichtete Konzentration.
Herzoffenheit und Verständnis.
Frieden und unendliche Weite.

## ✶ GLÜCKSZEIT

Für weitreichende Entscheidungen verbinde ich gleichermaßen Sehnsucht und Vernunft. Nutze den emotionalen Impuls, um zu finden. Frage mich, was ich will – und warum. Für diese Innenschau nehme ich mir Zeit. Mache mich mit Optionen vertraut, eigenen Maßstäben und Sinn. Profitiere von gesammelten Erfahrungen, Spontaneität, bewussten, langfristigen Prioritäten und meiner aufmerksamen Wahrnehmung.

Originell sind die Ergebnisse.

Ruhiges Nachdenken, gewissenhafte, entscheidende Blickwinkel, die sachliche Auseinandersetzung und eine Portion Abenteuerlust bieten vielfältigen Handelsspielraum.

## Glücksmomente

Ewigkeitscharakter hat das »Eigentliche«,
die »Essenz« in den Momenten,
die das Leben lebenswert machen.

## WAHLMÖGLICHKEIT

Ich entscheide, ich darf aussuchen. Tag für Tag. Diese Macht kultiviere ich mit Nachsicht und Entschiedenheit. Dies verlangt die Aufgabe alter Gewohnheiten, alter Muster und allzu tröstlicher Vorstellungen in der illusionären Komfortzone. Ich stelle mir konkret vor, was ich verändern will, fasse es klar in Worte und handle in einer absichtsvollen Weise.

## SPIEGEL

Wenn Situationen zunächst aussichtslos
und hoffnungslos erschienen,
dann machte das vollkommene Akzeptieren
der Situation wirklich Sinn,
denn dadurch erkannte ich schneller
Wege und Chancen
und gewann Mut,
Kraft und erneute Freude.

## *Mein Leben*

Quelle von bedeutsamen Einsichten.
Schlüssel zu tiefem Bewusstsein.

## Neubeginn und Veränderung

Ich darf stets auf einen plötzlichen Wandel gefasst sein, auf einen plötzlichen Richtungswechsel, den das Leben präsentiert.
Das bedingt, dass ich die Vorstellung von dem hinterfrage, was ich bin, für was ich stehe, was mich erfüllt und welche Träume ich verwirklichen will.
Schönheit zieht Schönheit an.
Also entscheide ich mich für Schönheit im Denken, Handeln und Empfinden.
Ich entscheide mich für das Glück.
Ich schaffe Raum, gebe dem Leben und seinen Überraschungen Chancen.
Dieses immer wiederkehrende Experiment, diese Prüfungen und Herausforderungen bringen mich in meine Meisterschaft.

## ✶ AKZEPTANZ UND PRIVILEG

Was tue ich, um mich mit dem »Unausweichlichen«
abzufinden? Ich akzeptiere.
Es reicht zu wissen,
dass ich lebe und dieses Privileg habe.
In jedem unwiederbringlichen Moment,
in der grenzenlosen Weite von Raum und Zeit.
Hier bin ich, jetzt. Nie zuvor war ich so
und nie wieder werde ich so sein.
Ich bin einfach da. Das ist wundervoll.
Ich habe vor, intensiv zu leben,
ich erkenne die Wichtigkeit und Wertigkeit
jedes einzelnen Augenblickes.
Dieser stille Zauber des Erkennens wirkt langsam
und nachhaltig.

## Melanie B

Ich liebe die Kommunikation in vielen Formen.
Mit der Fülle meiner Lebenserfahrung und mit meinen Erkenntnissen möchte ich den Leser beschenken.

Mein Leben ist wundervoll und voller Wunder.
Dafür bin ich unendlich dankbar.

Ich danke dem Silberschnur-Verlag für das fruchtbare, gute Zusammenwirken.

Franziska Krattinger

## Die Kraft der 144 Schalt- und Machtworte

***Es ist schwer, eingefahrene Wege zu verlassen und wirklich etwas in seinem Leben zu verändern.***

Die 144 wirkungsvollen Karten mit Schalt- und Machtworten helfen dabei, denn sie erwecken die uns innewohnende positive Macht zur selbstbestimmten Veränderung von Situationen und Vorhaben. Eines dieser Worte genügt bereits, um einen unterbrochenen energetischen Fluss wieder zum Laufen zu bringen und so alles zum Besten zu lenken!

Schalten auch Sie einfach um – und beobachten Sie die positiven Veränderungen in Ihrem täglichen Leben. Sie haben WIRKLICH die Macht dazu!

144 Karten, mit Kurzanleitung, inkl. Mini-Poster, in Box · EAN 4260075280-28-8 · € [D] 19,95

Kurt Tepperwein

## Was immer du willst

***Magnetisch anziehen, was Freude macht***

Jeder Mensch besitzt magnetische Kräfte. Er strahlt nicht nur etwas aus, sondern verfügt auch über eine unbewusste Anziehungskraft. Mit Hilfe dieses Buches zeigt Ihnen Kurt Tepperwein, wie Sie Ihre Sinne schärfen und Ihre Magnetkräfte aktivieren können, um Ihrem Leben eine Richtung zu geben, die nicht nur befriedigend ist, sondern die Sie wirklich zufrieden und glücklich macht. Wenn Sie also magnetisch anziehen wollen, was Freude macht, und sich nebenbei von alten Gewohnheiten trennen möchten, halten Sie das absolut richtige Buch in der Hand. Es ist an der Zeit, dass Sie bekommen, was immer Sie wollen!

136 Seiten, broschiert · ISBN 978-3-89845-608-1 · € [D] 12,00

Peter Berliner

## Klare Worte

***Wie Sie überzeugend sagen, was Sie meinen***

Sei es im Beruf oder im Privatleben: Wirkungsvolles Sprechen vor und mit anderen Menschen ist heute wichtiger denn je. Wer seine Ideen und Projekte überzeugend vortragen kann, hält den Schlüssel zum Erfolg in der Hand.

Kompakt und unterhaltsam coacht Sie Peter Berliner, Experte für Kommunikation und Persönlichkeitsentwicklung, wie Sie die Kunst der klaren Worte erfolgreich meistern und andere von Ihren Ideen überzeugen!

272 Seiten, 2-farbig, Klappenbroschur · ISBN 978-3-89845-648-7 · € [D] 20,00

Maria G. Baier-D'Orazio

## Anders sein, anders denken, anders handeln

***Um du selbst zu sein, um frei zu werden, damit sich etwas ändert. Ein inspirierendes Arbeitsbuch***

Ein völlig neuer Weg der Innenschau.

Im ersten Teil des Buches führen Fotos dich in einer Reflexion über dein gesamtes Leben. Dein Denken wird auf die Probe gestellt. Du spürst, wer du wirklich bist und entdeckst neue Wege.

Im zweiten Teil erlauben dir Zeichnungen, deine Sichtweisen und Probleme konkret zu bearbeiten. Im Buch selbst kannst du diese Zeichnungen neu gestalten. So findest du Lösungen und es wird sich etwas in deinem Leben verändern. Eine Entdeckungsreise zu dir selbst!

256 Seiten, farbig, mit vielen Fotos und Grafiken, Flexocover
ISBN 978-3-96933-009-8 · € [D] 28,00

Ilona Friederici – Deine Mutmacherin

## So geht‘s mir gut

*Aus Krisen lernen*

Ein Buch, das zeigt, wie gerade in schwierigen Zeiten Wertvolles entstehen kann und dass Krisen auch zu einem Geschenk werden können.
"So geht's mir gut" erzählt von einem Mädchen und einer jungen Frau. Die eine lebt im Himmel und die andere auf der Erde. Sie erleben diese aktuelle Zeit ganz unterschiedlich – oder auch wieder nicht.
Du lernst durch die irdische und "himmlische" Sicht, wie das Leben wirklich funktioniert ... und so war es niemals leichter, aus jeder Krise einen Ausweg zu finden, wenn man nur den Blickwinkel ändert.

256 Seiten, broschiert · ISBN 978-3-96933-015-9 · € [D] 15,00

Bernadette Huber

## Freudentränen zu verschenken

*... und plötzlich ist da wieder Platz für Glück*

In diesem megasonnigen Buch darfst du erkennen, wie unendlich reich du bist – reich an Liebe. Und damit bist du genau wie die kleine Rosalie Herzheil, die mit ihrem reichen Herzen bestens gerüstet ist, um allen Herausforderungen erhobenen rosa Hauptes zu begegnen.
In knuffigen Bildern und aufbauenden Texten lernst du die rosa-glitzernde, bezaubernde Welt der kleinen Sonnenschein-Lady kennen, die dir die wirklich wertvollen Dinge im Leben schenkt: Hoffnung und Kraft, Trost und Mut und das Alles-ist-gut-Gefühl.
Und ganz gewiss auch die eine oder andere Freudenträne. Nämlich dann, wenn Herz und Verstand beim Lesen ganz nah zusammenrücken ...

96 Seiten, 2-farbig, gebunden · ISBN 978-3-89845-671-5 · € [D] 14,00

Manfred Mohr

## Deine Zahlen – deine Sterne

*... sich selbst erkennen – andere verstehen*

Jeder von uns hat doch einen schwierigen Chef, merkwürdige Kollegen oder eine Schwiegermutter, mit der der Umgang manchmal kompliziert und herausfordernd sein kann. Mit Hilfe der 108 Charaktertypen kann es auf einfache Weise gelingen, das Verhalten dieser Menschen besser zu verstehen und leichter mit ihnen umzugehen. »Deine Zahlen – deine Sterne« lädt ein zur humorvollen Selbsterkenntnis und entspannten Akzeptanz der eigenen Stärken und Schwächen – dicht gefolgt von der wachsenden Fähigkeit, deine Mitmenschen wie dich selbst immer mehr mit einem Augenzwinkern so nehmen zu können, wie wir nun einmal sind. Mit vielen prominenten Beispielen.

256 Seiten, Klappenbroschur · ISBN 978-3-89845-617-3 · € [D] 12,00

Vadim Zeland

## TransSurfing to go

***Vadim Zeland zeigt Ihnen, wie Sie sich endlich das Leben formen können, das Sie schon immer führen wollten.***

Falls Sie es wagen, den Rahmen des scheinbar feststehenden Algorithmus »Denke wie alle – handle wie alle – sei wie alle« zu verlassen, werden sich Ihre Möglichkeiten und Chancen weit über die Grenzen des für alle anderen Erreichbaren hinaus ausdehnen!

In »TransSurfing to go« fasst der Erfolgsautor alle relevanten Prinzipien der Methode kompakt zusammen und hilft Ihnen, sie zur richtigen Zeit zu verwenden. Einfach zu lesen – einfach anzuwenden.

240 Seiten, gebunden, mit abgerundeten Ecken · ISBN 978-3-89845-569-5 · € [D] 16,95